PAUL HAZARD
Chargé de Cours à l'Université de Lyon.

DISCOURS

SUR LA

Langue Française

ACADÉMIE FRANÇAISE

Prix d'Éloquence

1912

PARIS
LIBRAIRIE HACHETTE ET Cie
79, BOULEVARD SAINT-GERMAIN, 79
1913

DISCOURS

SUR LA

Langue Française

LIBRAIRIE HACHETTE ET Cie

DU MÊME AUTEUR

LA RÉVOLUTION FRANÇAISE ET LES LETTRES ITALIENNES

1 vol. in-8° . . . . broché **10 fr.**

JOURNAL DE GINGUENÉ (1807-1808).

1 vol. in-8° . . . . broché **4 fr.**

OUVRAGE COURONNÉ PAR L'ACADÉMIE FRANÇAISE

PAUL HAZARD
Chargé de Cours à l'Université de Lyon.

DISCOURS

SUR LA

Langue Française

ACADÉMIE FRANÇAISE

Prix d'Éloquence
1912

PARIS
LIBRAIRIE HACHETTE ET Cie
79, BOULEVARD SAINT-GERMAIN, 79
1913

DISCOURS

SUR

LA LANGUE FRANÇAISE

On ne peut parler ici de la langue française, sans se souvenir d'un autre concours, si célèbre que le bruit en a rempli le monde, et ne s'est pas encore éteint : celui qu'institua l'Académie de Berlin, il y a plus d'un siècle ; celui qui rendit fameuse la fière devise de Rivarol : *Tu regere eloquio populos, o Galle, memento...* C'est de là qu'il faut partir ; nous ne sommes pas maîtres de notre choix ; héritiers responsables, nous avons des comptes à rendre : rendons-les. Sinon, nous trahirions notre passé, et nous semblerions avoir peur. Nos ancêtres nous ont légué notre langue comme universelle : qu'est-elle devenue ? Et qu'en avons-nous fait ?

Poser ainsi la question, ce n'est pas esquiver les problèmes que soulève en France l'heure présente ; car il y a des rapports nécessaires entre l'extension d'une langue et son état intérieur. Mais ce sera les traiter, peut-être, plus largement, comme il convient à un débat que l'étranger écoute : sans les dénigrements systématiques qui décèleraient des âmes aigries ; sans éloges excessifs, dernière et vaine ressource des peuples vaincus.

Pour notre part, nous estimons que la langue française n'a point perdu sa place privilégiée. Sans doute, elle a subi le sort commun à toutes les dominations ; elle s'est transformée : mais pour durer plus sûrement. C'est l'histoire de cette domination que nous voudrions suivre. Nous voudrions montrer de quels éléments caducs elle a dû se débarrasser ; de quels éléments nouveaux elle s'est renforcée ; quelles conditions enfin réclame son avenir.

I

Ce qu'il faut bien dire, c'est que dans l'universalité du français, telle qu'on la concevait autrefois, entraient deux idées très distinctes. L'une était celle d'extension : par le mérite de son clair génie, notre langue se répandait au loin, chez tous ceux qui se piquaient de culture. L'autre était celle d'hégémonie : fiers de la puissance politique de cette France « qui tenait dans ses mains la balance des empires » ; sceptiques en tout, mais autoritaires et dogmatiques dès qu'il s'agissait de littérature et de goût, les contemporains de Rivarol prétendaient imposer le français à leurs voisins, et le substituer même à des langues nationales méprisées. Cette seconde idée n'était pas essentielle à la notion d'universalité ; et elle portait en elle tout le danger des ambitions démesurées. Or, l'œuvre du XIXe siècle sera de l'abolir.

Déjà le XVIIIe siècle avait commencé. Si l'on ne s'attardait, d'ordinaire, à rechercher complaisamment les raisons qui expliquent notre hégémonie, on verrait qu'au moment précis où nous la proclamions, les autres la discutaient. On s'apercevrait qu'en Angleterre, elle n'a jamais été admise tout à fait. On se rappellerait qu'en Allemagne, Lessing a écrit sa *Dramaturgie de Hambourg* dès 1767 — lourde machine lancée contre nous. On découvrirait qu'en Italie même commence à souffler un vent de rébellion; on lirait les pamphlets de tant de gallophobes obscurs et convaincus, Galeani Napione à Turin, Gian Battista Velo à Vicence, Andrea Rubbi à Venise, qui dénoncent à l'envi le danger que le français fait courir à leur pays; et on conclurait que la vérité que Rivarol formule, ayant atteint son point de maturité, s'applique au passé plutôt qu'à l'avenir. Elle est ébranlée par la poussée des peuples, chacun arrivant alors à la pleine conscience de lui-même, et chacun revendiquant l'exercice de sa langue comme signe public de sa nationalité. Car les nations apparaissent, à la fois timides et ardentes, désireuses de manifester une existence encore incertaine, comme pour se provoquer elles-mêmes à vivre. Elles n'ont pas de force guerrière à leur disposition ; l'unité du territoire ne leur apparaît que comme un idéal incertain ; mais pauvres de réalités, elles sont riches de velléités intellectuelles et sentimentales. Les historiens, les critiques, les professeurs, tous ceux qui ont trouvé dans les livres des aïeux le souvenir d'une tradition, vont répétant que tout pays a besoin, s'il veut vivre, d'une âme et d'un langage qui soient bien à lui : l'âme aussi fière que possible ; le langage aussi pur, aussi dégagé que possible de tout élément étranger. Les écrivains suivent ; tel cet Alfieri, qui par un prodigieux effort de volonté désapprend notre langue pour apprendre la sienne. Seulement, les plus hardis parmi les révoltés en sont encore à s'étonner de leur propre audace ; leur patriotisme a des airs de paradoxe ; leurs efforts, si vigoureux qu'ils soient, restent incohérents et confus ; l'hymne qui s'élève à notre louange étouffe leurs cris discordants.

Et voici l'effet le plus curieux sans doute de notre Révolution, le moins observé et le plus sûr. Au premier moment, sa formidable impulsion répand notre langue partout où pénètrent nos idées : depuis Londres, où des clubs se forment pour commenter la déclaration des droits de l'homme, jusqu'à Koenigsberg, où Kant pleure en la lisant ; depuis les humbles villages de la Basilicate, où les paysans s'écrient : Nous voulons faire comme les Français ! jusqu'à Moscou, où l'on s'embrasse dans les rues, parce qu'une ère de félicité va commencer pour les mortels. Nos armées sillonnent les routes de l'Europe ; elles s'arrêtent : nos soldats entrent chez l'habitant, s'approchent du foyer, bercent l'enfant ; et les parents, craintifs devant des gens qu'on leur avait dépeints comme si terribles, sont surpris d'entendre dans leur bouche une langue empreinte de tant de douceur. Surgissent des républiques, à l'image de la nôtre : à la tribune des sociétés populaires, qui répètent nos discours ; dans les théâtres, qui donnent nos pièces sans y rien changer ; autour des arbres de la liberté ; sur les places publiques, où l'on célèbre la Grande Nation, le français retentit : il y a des endroits où l'on ne distingue plus, dans l'étrange patois amené par la conquête, la langue du vaincu de celle du vainqueur. Les livres des philosophes, les brochures des politiciens, les feuilles volantes, nos journaux innombrables, nos chansons, les grossières comme la Carmagnole, les héroïques comme la Marseillaise, deviennent les textes de nos leçons. Notre nouveau drapeau prétend faire le tour du monde ; notre langue ne le prétend pas moins.

C'est une invasion spontanée, et c'est une invasion consciente. Le Français, devenu jacobin, ne renonce pas au rêve de l'hégémonie. L'idée de la prédominance sur les nations voisines obsède son esprit ; il a pour sa langue, « que ses ancêtres ont portée à un si haut point de gloire », une tendresse dont il ne rougit pas. Un motif s'ajoute à ceux qu'on avait déjà de l'admirer et de la répandre : « elle sera désormais l'interprète de la liberté ». La plus belle de l'Europe, « celle qui, la première, a consacré franchement les droits de l'homme et du citoyen, celle qui est chargée de transmettre au monde les plus sublimes pensées et les plus grandes spéculations de la politique », celle-là doit inspirer l'orgueil de sa prééminence. « Cette race de brigands qu'on nomme rois et princes rend hommage à notre langue ; ils l'ont introduite dans leurs cours ; les cours passeront, les peuples resteront ; à leur tour, ils honoreront notre langue en adoptant nos principes ; déjà chez plusieurs elle est usitée... » Ainsi parle l'orateur républicain à la Convention ; et l'assemblée déclare qu'il appartient au français, « qui depuis quatre ans se fait lire par tous les peuples, qui décrit à toute l'Europe la valeur de quatorze armées », de devenir universel. Tout nous sert alors, et jusqu'aux ennemis ou aux victimes mêmes de la Révolution : s'il est vrai que les émigrés se refusent à parler l'allemand en Allemagne ; s'il est vrai que dans une petite ville du Suffolk, à Bungay, les habitants se montrent du doigt, au passage, un professeur de français qui s'appelle le vicomte de Chateaubriand.

Ainsi, en peu d'années, notre hégémonie semble s'étendre au loin. Pourtant, l'effet durable de la Révolution est de la ruiner dans son principe même, en établissant ou en fortifiant partout le culte des langues nationales. En effet, des trois termes qui forment sa devise, il n'en est aucun que les peuples retiennent plus volontiers que celui de liberté. Nous serons libres ! disent-ils après elle ; libres de nous gouverner comme nous l'entendons ; libres dans nos biens, dans nos corps, dans nos âmes ; libres dans nos moyens d'expression... Tout est là : les principes français excitent les patriotismes étrangers ; le désir obscur d'une langue qui représente la patrie devient un droit ; il s'enrichit de toute la force de la logique et de tout l'éclat de l'exemple. La France, en éveillant non seulement les nationalités, mais les nationalismes, les éveille contre elle-même. Elle s'en apercevra bientôt. Si elle revient à ses prétentions anciennes, et prétend commander comme autrefois, on se révoltera. On parlera l'allemand, l'italien, l'espagnol, jalousement, exclusivement ; on bannira le français par réaction. En 1799, lorsque nous rentrons dans nos frontières, le vocabulaire et le style révolutionnaires disparaissent sans laisser de traces profondes. Par contre, un principe demeure : aucun pays n'aura le droit d'imposer sa langue aux autres, comme marque oppressive de sa domination.

L'Empire, cependant, tenta l'entreprise; et ce fut comme un effort immense et désespéré. On vit l'Empereur transmettre aux ministres sa volonté de « franciser » ses conquêtes, les ministres écrire aux préfets, les préfets aux maires. Alors, dans chaque commune, on surveilla les lettres et on favorisa les Muses. Point d'événement officiel, de fête ou d'anniversaire, de mariage ou de baptême, qui ne provoquât l'inspiration par l'appât de la récompense. Dans les départements annexés à l'Empire, on suivit un plan régulier pour faire pénétrer peu à peu notre langue : des journaux français, rédigés par des littérateurs venus de Paris; des théâtres français, prompts à représenter les chefs-d'œuvre de Lemercier ou de Raynouard; des bibliothèques publiques, remplies de livres français; des lycées, où l'enseignement du français passerait avant tous les autres : rien ne fut laissé au hasard. Tout ceci bien et dûment organisé, de temps à autre, un sonnet imprimé sur soie, un acrostiche ingénieux, un discours solennel, remontaient les degrés de la hiérarchie, et passaient du maire au préfet, du préfet au ministre, du ministre à l'Empereur.

Il parcourait, avec ce souci du détail qui est un des traits frappants de son caractère, les rapports de ses subordonnés les plus lointains. Choisissons entre mille : prenons avec lui cette lettre gauchement rédigée par un inspecteur primaire du département du Taro, chargé de suivre les progrès du français dans les écoles publiques ; lisons par-dessus son épaule : « A l'égard de la langue française, au commencement de l'année 1808, les écoliers étaient tout à fait nouveaux, et les livres destinés pour cela n'ont pas encore été distribués. Néanmoins, les maîtres se sont empressés par voix et par écrit de donner aux écoliers les connaissances préliminaires des diphtongues, de la prononciation et des autres règles pour lire ; et ils ont aussi fait apprendre la conjugaison de presque tous les verbes réguliers. J'en ai trouvé dans mes visites quelques-uns qui savaient bien lire, d'autres suffisamment, et quelques autres qui lisaient et traduisaient aussi, peut-être à cause d'instructions antérieures. J'ai même observé que les écoliers, en général, prennent bien de l'intérêt pour la langue française. » Napoléon est heureux de voir le français conquérir ainsi les enfants du peuple, les fils des maçons et des charpentiers. Il exclut des fonctions publiques ceux qui ne savent pas le français ; il exige qu'on s'exprime en français devant les tribunaux : non seulement le juge, mais le plaideur. On put l'accuser sans invraisemblance de vouloir imposer le français par la force, comme la conscription, à tous ses sujets, ceux de Florence, ceux de Hambourg.

Mais aussi, lorsque le ressort de sa domination fut brisé, avec quelle âpreté ne lui reprocha-t-on pas cette prétention ! Comme on eut soin de distinguer ce grief parmi tant d'autres ! Comme on fit entendre au vaincu que de toutes les tyrannies, la plus odieuse était désormais celle de l'esprit ! Comme on rappela « la haine, l'effroi, l'indignation » que son « despotisme littéraire » avait excités ! Lisons, par contraste, cette adresse publiée après Waterloo par « M. Steffens, professeur à l'Université de Breslau, et officier volontaire de l'armée de M. le maréchal de Blücher » : nous y trouverons la philosophie des événements. « Cette grande nation », dit-il en parlant de l'Allemagne, « cette grande nation dont l'enthousiasme a si puissamment contribué à la délivrance de l'Europe, compte dans son sein des poètes, des écrivains et des savants dans tous les genres ; elle voit refleurir pour elle, dans le présent, ce siècle classique que la France cherche dans les souvenirs du passé. Comment pourrait-on s'attendre à voir encore une grande nation, au faîte d'une gloire aussi pure, consentir à redevenir l'humble vassale des mœurs, des idées, d'une langue étrangère ? » Les ambitions que Napoléon manifestait en matière de langue ont contribué plus qu'on ne pense à sa défaite. « Le tyran de la France flattait la vanité nationale par l'injuste, l'affreuse perspective d'une langue universelle ! » Qu'elle se garde surtout de retomber dans la même faute ; la renonciation à son hégémonie est la condition de la paix. « Pour oublier des souffrances dont la France n'a pas même l'idée, que demande l'Allemagne ? Du respect pour son caractère et son génie national. »

Du respect pour les caractères et les génies nationaux : voilà prononcée la formule définitive. 1799 étant la première étape, et 1814 la seconde, l'année 1871 marquera la troisième par l'avènement officiel, pour ainsi dire, des nationalités. Mais ce sera la consécration d'un état de choses ancien, plutôt que l'apparition d'un principe nouveau. Dans ce sens, le rude coup qui vint nous frapper alors, et dont nous saignons toujours, n'a pas eu la gloire d'ébranler notre hégémonie. Qui niera que nos défaites nous aient fait perdre une partie de notre clientèle? Notre langue a pu être abandonnée par ceux qui croient trouver la science, voire la culture, dans les pays qui comptent le plus de soldats et le plus de canons. Ceux-là reviendront de leur illusion ; ils en sont déjà revenus. Ajoutons encore que la victoire, développant le commerce et l'industrie, exaltant les forces d'un pays, l'engage à projeter au dehors des activités multiples, capables de préparer pour la langue de vastes et lointaines conquêtes : n'était le caractère de la langue elle-même, qui se trouve, à l'épreuve, incapable de conquérir.

Mais quelle que soit l'importance de ces pertes, elles n'ont rien changé à l'évolution commencée. Nous aurions été vainqueurs à

Sedan, qu'on n'aurait point vu sans doute les écrivains allemands se remettre à écrire en français, comme au temps de Frédéric II ; le français ne serait pas redevenu la langue de la cour ; on n'aurait pas rédigé en français les actes des Académies. Au contraire : un sentiment national blessé serait demeuré plus jaloux qu'auparavant de la pureté du langage. De même notre défaite ne nous a pas fait perdre des privilèges depuis longtemps abolis. Nous avons subi, nous subissons une loi qui ne s'applique pas plus à nous qu'à tous les Etats de l'Europe : la prise de possession d'un esprit par un autre esprit, d'une langue par une autre langue, n'est plus compatible avec la mentalité contemporaine. C'est pour ne l'avoir pas compris que l'Allemagne a dépensé quarante années d'efforts, sans aboutir à autre chose qu'à un piteux échec. En vain le flot des fonctionnaires, en vain l'armée des professeurs ont envahi l'Alsace et la Lorraine ; en vain on a employé la persuasion, et plus vainement la rigueur. Les deux provinces, françaises de culture et de cœur, sont restées fidèles à leur langue ; force plus durable que celle des armées ; limite plus sûre que les lignes changeantes des frontières : symbole plus précieux encore que les drapeaux.

Ainsi, parce que l'idée même de l'hégémonie intellectuelle a disparu, a disparu l'hégémonie de notre langue. Mais ceci ne veut pas dire que son universalité ait été atteinte du même coup. Gardons-nous d'être ici les victimes d'un préjugé, et de vouloir que deux notions soient liées toujours parce qu'elles l'ont été une fois. Celles-ci ne sont pas inséparables. Les Grecs le savaient bien, qui avaient fait de leur langue l'instrument de culture de toutes les parties du monde alors connu, sans prétendre les asservir. Et inversement, combien de nations pourrait-on citer, qui pour avoir joué en politique les premiers rôles, n'ont jamais assuré à leur langue une extension comparable à leur puissance ! La loi d'évolution, qui dissocie des éléments qu'elle avait d'abord rapprochés, est une loi de vie. C'est une preuve éclatante de la valeur éternelle de notre langue, qu'elle ait su s'assouplir aux conditions nouvelles qui lui étaient faites, et garder le genre d'universalité que l'on tolère, ou mieux que l'on désire aujourd'hui. Elle ne prétend plus asservir les autres, en despote ; mais elle peut prendre place à côté des autres, en amie : et par là, se voir encore universellement adoptée. Elle s'impose moins : mais on la demande davantage — ainsi que nous allons le voir.

II

A mesure que chaque nation prenait une conscience plus précise de son individualité, elle éprouvait un besoin plus profond de communiquer avec les autres. Ce second changement n'est pas moins considérable que le premier.

On est étonné quand on considère la petitesse du groupe qui constituait autrefois l'Europe pensante. En vérité, c'était une universalité bien bornée que celle où l'on pouvait prétendre ! Une élite se chargeait de penser pour la foule, qui ne lui contestait pas ce droit. Le moindre paysan ne cherchait pas dans son journal, chaque matin, des nouvelles du monde : savait-il ce qu'était le monde, ou ce qu'était un journal ? L'artisan ne s'entendait pas avec les artisans, ses semblables, pour les amitiés ou pour les révoltes.

Le savant ne s'inquiétait guère de savoir si la découverte qu'il venait de faire n'était pas vieille déjà sous d'autres cieux. Dans chaque pays, peu de gens se montraient soucieux de ce qui se passait au dehors ; et peu de pays entretenaient commerce d'idées ou de littérature. Au XVIIe siècle, il n'y avait guère de relations intellectuelles qu'entre la France, l'Italie, l'Espagne, les Pays Bas ; au commencement du XVIIIe siècle, l'Angleterre a demandé une place, et un peu plus tard l'Allemagne : c'est tout. Ni les nations scandinaves, dont la production scientifique et littéraire est si intense aujourd'hui ; ni l'immense Russie ; ni les Amériques ; ni le Japon, dont nous goûtons sans surprise — tant nous avons fait d'expériences diverses ! — le lyrisme exquis et compliqué, n'avaient de droits à l'existence. Les habitants de ces pays fabuleux étaient pour nos Français comme des barbares, infiniment lointains et méprisables. Maintenant, il n'y a plus de barbares. Il y a des individualités qui, toutes, prétendent être égales ; mais qui, toutes, veulent participer à l'humanité.

A l'image paisible d'une Europe étriquée, a succédé le tableau inquiétant d'un monde en fièvre. Le marché intellectuel, où de rares esprits apportaient quelques livres choisis, discrètement, est devenu le rendez-vous des races. Comptez les pays divers qui s'y font représenter, pour l'offre et pour la demande ; multipliez leur nombre par celui des individus qui, dans chaque pays, participent à la vie littéraire, ou politique, ou sociale ; multipliez encore ce chiffre par celui de toutes les formes que revêt la pensée moderne ; voyez la confusion, la hâte, l'impatience de la foule qui se heurte ; entendez les voix et les cris ; et mesurez enfin, à tant de signes, la difficulté presque infinie des échanges journaliers.

Il faut pourtant qu'ils se fassent. Tant et tant de nouveautés qui se pressent, loin de décourager notre désir de connaître, l'ont excité. Les voyages plus faciles, les communications plus aisées, la parole humaine traversant les espaces avec la rapidité de la pensée, tout favorise le mouvement qui porte notre esprit loin du milieu où nous étions attachés, vers le lointain, vers l'inconnu. Nous envions quelquefois le bonheur de nos aïeux, qui avaient le temps de bien juger parce qu'ils voyaient peu. Ils savouraient les œuvres des bons auteurs, à petites doses ; ils passaient d'Horace à Boileau, puis revenaient de Racine à Virgile. Ils n'admettaient rien à l'honneur de meubler leur esprit qui ne fût d'une qualité exquise. Notre avidité brouillonne nous fait honte par comparaison. Mais ce sont là regrets inutiles ; nous sommes harcelés, comme malgré nous, par le désir de savoir beaucoup, d'apprendre toujours. Nous ne ressemblons plus à ces sages qui limitaient leur promenade à l'enclos de leur jardin ; nous sommes comme ce voyageur qui, touchant à des horizons qui lui paraissaient inaccessibles, en voit d'autres se dérober devant lui, et repart pour les atteindre. On dirait que nous élargissons notre âme à mesure que reculent les limites du monde.

Dès lors, si l'on désirait déjà, autrefois, une langue européenne : à bien plus forte raison exigeons-nous une langue universelle ; universelle dans toute la force du terme, puisque « l'Europe pensante » est devenue toute la terre. Il ne s'agit plus de relier entre elles quelques capitales aristocratiques de l'esprit, mais de fournir à toutes les nations civilisées un idiome qui représente la civilisation. Il ne s'agit plus de conquérir une classe privilégiée, mais bien de parler à tous ceux qui pensent. Plus impérieuse devient notre curiosité, et plus nécessaire une langue qui la satisfasse. Plus nous avons conscience d'une mêlée qui serait inextricable sans un signe de ralliement, et plus nécessaire une langue qui apporte un principe d'ordre. Plus d'idées entrent en circulation, les unes vagues, bizarres, dangereuses, indignes de vivre ; les autres précises, saines, salutaires, et dignes de demeurer : et plus nécessaire une langue capable de choisir, d'éliminer ou de conserver. Plus nous nous sentons liés à tous nos frères les hommes, et plus nécessaire une langue qui nous maintienne unis. C'est de cette nécessité même que profite le français : ce que l'avènement des nationalités a pu lui faire perdre, il le regagne, et au delà, par le besoin toujours croissant de communications internationales.

Car on ne saurait prendre une autre langue. Elle doit continuer à servir parce qu'elle a servi ; elle a pour elle la force du mouvement commencé. Si, par un accord impossible, on décidait de l'abandonner, autant vaudrait demander aux peuples de suspendre pour un moment leur commerce intellectuel, et d'attendre qu'on ait à leur fournir un autre truchement. Elle est l'active, l'inlassable ouvrière qui a fait apprécier ses services au cours des siècles ; elle répond à des exigences qui, n'ayant point de cesse, ne laissent pas le loisir de changer.

Et pourquoi changerait-on ? A ne parler que des commodités qu'on trouve à se servir de nous (car la vraie question est ici ; et la plus sûre garantie de l'universalité du français, ce sont les avantages que les autres lui reconnaissent) — aurions-nous cessé d'en offrir ? De toutes les langues, n'est-ce plus la nôtre qu'on est amené à pratiquer naturellement ? Notre pays ne serait-il plus « varié, aimable, accueillant » ; « profondément humanisé », ainsi que les géographes, depuis Strabon, se plaisent à le dépeindre ? Fondant tous les contrastes comme il réunit tous les climats, n'est-il plus le trait d'union entre le Nord et le Midi, les Latins et les Germains, la Renaissance et la Réforme ? L'Europe ne converge-t-elle plus vers lui, comme vers l'Europe le monde ? Nous ne voyons pas que nous ayons perdu nos habitudes d'hospitalité ; nous attirons ceux qui n'aiment que nos fantaisies et nos caprices, et ceux aussi qui apprécient chez nous la rectitude et la simplicité de la raison : quelquefois, c'est par le mélange de ces défauts et de ces qualités que nous séduisons. Paris est toujours la grand'ville, le rendez-vous de toutes les idées et de tous les peuples. Jamais nos communications orales avec l'étranger n'ont été plus actives qu'aujourd'hui.

Ce sont là des avantages secondaires, qui favorisent l'extension d'une langue sans suffire à l'assurer : passons vite ; nous sommes si riches en ces matières, que nous aurions mauvaise grâce à faire longuement l'inventaire de nos trésors. Plus d'importance ont les écrivains : les nôtres n'ont pas disparu de la scène du monde. Ne constatons pas seulement qu'ils sont les plus répandus, ce qui est trop aisé ; constatons plutôt qu'à talent égal, ils sont plus sociaux que tous les autres. « D'individualiste qu'elle avait été avec les romantiques, et d'impersonnelle avec les naturalistes, la littérature française moderne est redevenue sociale. » Tel était le jugement de Brunetière ; et il se réjouissait de voir que nous avions repris une tradition vieille de quatre cents ans, qui nous donne « les moyens de travailler ensemble à la grandeur du nom français, et au bien de l'humanité ». Nous avions couru un danger, qui était de passer pour les amuseurs de l'Europe, voire pour ses corrupteurs. Nos romans à succès étaient les pires ; nos comédies les plus applaudies étaient les plus légères. Mais si nous devons rougir quelquefois de notre exportation, n'oublions pas que les meilleurs parmi nos contemporains, les « maîtres de l'heure », les hommes qui représentent fidèlement la pensée française, communiquent à leurs lecteurs le souci des problèmes moraux qui les tourmente eux-mêmes. Cette inquiétude métaphysique qui donne à l'art comme une vie surhumaine, tous les plus grands l'ont éprouvée ; nous avons le droit d'être plus fiers de notre littérature aujourd'hui qu'hier. Que dire de nos savants, qu'on lit partout dans leur langue, parce qu'ils donnent un air d'évidence aux vérités les plus compliquées, en leur communiquant la lucidité de leur propre esprit ? Ceux-là aussi sont sociaux à leur manière ; et sociaux nos philosophes, par la nature des questions qui les sollicitent, et par la façon même dont ils les savent exposer.

Précisons encore : nous nous sentons prêts à remplir ce rôle d'intermédiaires dont on nous confère le privilège ou le devoir. Nous sommes les traducteurs universels. Il ne se passe guère de jour où nous ne révélions quelque génie, tantôt du Midi et tantôt du Nord. Toujours pressés de connaître ce qui se passe chez nos voisins, nous découvrons les réputations naissantes, et nous les publions à grands fracas ; aussi reviendront-elles chez nous, peut-être par reconnaissance, sûrement par intérêt, pour obtenir une consécration définitive après qu'elles auront couru le monde. Il est vrai que nous oublions vite : mais nos engouements sont si sincères et nous louons de si bonne foi, qu'on ne saurait nous en vouloir. Et puis nous aurions trop à faire si nous devions tout retenir ; il suffit que nous transmettions. En effet, on vient à nous de toutes parts. On sait que nous avons une clientèle prête à l'avance ; c'est l'acquérir du premier coup que de demander notre marque pour des produits exotiques ; nous la donnons sans marchander, et l'avantage n'est pas mince. Nous mettons sur les livres : fait à Paris, comme on fait à Nüremberg les poupées. Nous comprenons très vite ; si quelquefois nous comprenons mal, c'est par excès de hâte ; si nous ne traduisons pas avec une fidélité scrupuleuse, c'est que nous avons la prétention d'embellir. Tel auteur, trop abondant, qui tient du génie de sa race un culte exagéré pour les mots sonores, nous l'élaguons : il n'en paraît que meilleur. Tel autre, rude et sauvage, nous l'adoucissons, nous le polissons un peu, en ayant soin de lui laisser juste assez de nouveauté pour séduire sans trop surprendre et pour conquérir sans révolter. Occupés à faire ainsi valoir le bien d'autrui, il nous arrive de négliger le nôtre : nous sommes envahis par une foule cosmopolite d'écrivains dont nous prononçons les noms avec l'accent déplorable qui est notre secret. Mais si nous voulons faire connaître Gorki aux Italiens, et Grazia Deledda aux Russes ; Bernard Shaw aux Espagnols, et Pérez Galdos aux Anglais, il faut bien que tous ces gens se rencontrent dans notre demeure. C'est notre fonction qui le veut.

Rappellerons-nous, par-dessus tout cela,

des qualités si évidentes et si certaines que leur énumération seule est devenue un de nos lieux communs favoris : la logique de notre langue qui fait que « ce qui n'est pas clair n'est pas français »; son caractère « raisonnable », et jusqu'à « la constance de l'ordre direct » ? Reprendrons-nous la comparaison avec les dialectes voisins, pour marquer une fois de plus la supériorité du nôtre? Peut-être est-il moins banal de noter que de toutes les prérogatives qui le rendent universel, l'essentielle est sa modernité. Il n'est pas seulement à la disposition de ceux qui veulent se tenir au courant, suivant la métaphore banale et si juste qui évoque l'immense fleuve, le fleuve rapide, où se mêlent toutes les idées venues de tous les pays : il précède, il provoque le besoin qu'on a de lui.

Nous savons bien que nous ne cessons jamais de devancer les autres. Avec un beau dédain du péril que peuvent nous faire courir les expériences prématurées, nous ressemblons aux éclaireurs qui se perdent quelquefois, mais qui souvent montrent le bon chemin. Nous souffririons, si nous n'étions les premiers à tenter les routes nouvelles ; les plus dangereuses ont pour nous le plus d'attrait. Le jour arrive, où ce qui semblait être un paradoxe français prend place parmi les vérités éternelles ; les chimères d'un génie présomptueux deviennent les inventions pratiques dont on s'étonne d'avoir pu se passer. Alors notre langue est douce aux nouveautés : les Français ont créé la chose, le français crée le mot.

Par exemple, avec quelle facilité n'avons-nous pas formé un vocabulaire pour désigner tout ce qui intéresse les aéroplanes, leur départ, leur ascension, leur chute ! Obligés de chercher dans les livres de nos théoriciens les principes d'un mécanisme qu'ils ignorent, d'apprendre dans les écoles de nos constructeurs la pratique du vol, les étrangers sont obligés aussi de se servir de nos expressions, et de les faire passer, telles qu'elles sont, dans leur propre idiome. Demain apparaîtra une autre invention : et notre langue se trouvera toujours prête à ce rajeunissement éternel.

Nul n'avait mieux défini ce caractère que Leopardi, le grand poète et le grand philosophe. Dans la solitude de sa ville natale, laissant errer son regard sur les plaines que bornent la montage et la mer, il embrassait de sa vaste pensée la marche du monde. S'il souffrait de voir l'universalité d'une langue autre que la sienne, comme d'une atteinte portée au génie national de son pays, il ne s'attachait pas moins à l'observer, comme un fait surprenant dont il voulait trouver les causes. Le français doit sa situation exceptionnelle, disait-il, à la tradition, à la politique, à la mode ; davantage encore à une civilisation qui est la plus avancée de toutes, et à la littérature qui la traduit ; mais surtout, à ce qu'il est « per eccellenza lingua moderna ». La pensée contemporaine demande une expression plus rationnelle que pittoresque ; le français est rationnel. Elle demande une expression analytique : le français la fournit. Elle va s'enrichissant et se précisant tous les jours : le français tous les jours s'enrichit de mots très précis, étant donnée la vie éminemment sociale du pays, qui ne permet pas qu'une chose ayant besoin de nom reste sans nom. En France, ce ne sont pas les dictionnaires qui donnent aux mots droit de cité, ni les écrits : mais, avant eux, l'usage ; de sorte que la langue n'est jamais en retard sur les idées ; et que quiconque veut vivre avec son époque doit avoir recours au français. Et il disait encore : « Aujourd'hui, une langue commune est devenue nécessaire, la française. D'après la marche présente de la société, on peut dire qu'elle ne perdra plus jamais son universalité, même si l'influence politique ou littéraire, civile ou morale de la nation venait à cesser. Vraiment, si la nature même ne s'y opposait, il arriverait peu à peu que tout le monde parlerait le français tous les jours, et que l'enfant l'apprendrait comme langue maternelle ; et on verrait réalisé le rêve d'une langue universelle ».

Prenons garde cependant. Toutes les psychologies seraient vaines et tous les raisonnements seraient faux, qui se trouveraient en contradiction avec la réalité. On aurait beau affirmer que la langue française est de toutes la plus moderne, si l'expérience montrait qu'elle décroît ; et il y aurait quelque ridicule à analyser les motifs qui nous permettent de garder notre clientèle, si notre clientèle nous tournait le dos. Il importe de fournir, avec des arguments, des faits. Or, les faits nous donnent raison.

C'est un fait — les statistiques le prouvent — que dans les pays limitrophes du nôtre, le français ne recule pas : pas même en Belgique, malgré l'ardente campagne que les flamingants ont menée contre lui. Ce fut déjà une belle revanche que le congrès d'Arlon, en 1908, où, pour la première fois, on proposa l'adoption du français comme langue scientifique internationale ; si jamais attaque ne fut plus vive, jamais défense ne fut suivie d'un plus heureux effet. En Suisse, la frontière linguistique va sans cesse reculant vers le Nord. Nous ne perdons rien en Alsace ; et dans les vallées des Alpes, nous gagnons.

C'est un fait que dans les groupements européens, le français ne recule pas. Voyez chez les Latins : il suffit d'être entré dans un salon à Rome ou à Florence, d'avoir regardé les titres des livres aux étalages, écouté le bavardage des marchands, parcouru le programme des écoles, pour être sûr que l'Italie donne à notre langue le premier rang après la sienne. De même l'Espagne, qui se montrerait moins hostile à notre égard si elle était moins avide de lire pêle-mêle tous nos journaux, tous nos livres, et d'écouter tous nos discours, sans critique et sans choix. De même le Portugal, qui a voulu que son histoire recommençât la nôtre. De même la Roumanie. Les Slaves n'ont pas suffisamment perfectionné leur culture pour se passer de nous ; ils nous préfèrent délibérément à l'Allemagne ; et nous pouvous croire leur témoignage quand ils nous disent qu'ils se considèrent eux-mêmes comme une province de notre empire intellectuel. Quand les Anglo-Saxons consentent à parler une autre langue que la leur, c'est la nôtre. On est même étonné de voir jusqu'à quel point, malgré leur réputation de ne s'intéresser point aux choses du continent, ils lisent nos auteurs, connaissent le détail de notre littérature, et aiment le français. Les Germains, les Germains eux-mêmes ont beau mépriser les Welches dégénérés ; ils subissent l'ascendant de leur esprit ; ils lisent leurs œuvres, de préférence les mauvaises ; ils ne peuvent pas s'empêcher de considérer la connaissance de leur langue comme un brevet d'aristocratie, et ils l'apprennent pour paraître distingués.

C'est un fait qu'hors de l'Europe, notre langue possède des points d'attache, d'où elle peut s'étendre presque à l'infini. Toute la civilisation qui a pénétré dans la Turquie d'Asie n'a-t-elle pas emprunté son intermédiaire ? Nos colonies, si l'œuvre du temps nous permet de gagner peu à peu l'élite de chaque population, nous ouvrent les immenses domaines de l'Indo-Chine, de Madagascar, du Soudan, de toute l'Afrique du Nord. En Amérique, avec quelle joie ne devons-nous pas évoquer le noble pays où résonne le parler de la vieille France ; tout plein de jeunes énergies ; chaque jour plus prospère et plus populeux : le Canada, qui a réuni en assises solennelles tous ceux qui s'intéressent a la propagation du français, et nous a offert un secours que nous acceptons avec reconnaissance, parce qu'il nous vient de cœurs fidèles, vainqueurs du temps, vainqueurs du sort. Même ailleurs, là où nous ne pouvons compter sur ce splendide renouveau, nous retrouvons ce rôle d'auxiliaires qu'on ne nous refuse nulle part : au Pérou, au Chili, au Brésil, au Mexique. Il se vend plus d'ouvrages français que de livres espagnols dans les librairies de Mexico ; seules, nos troupes peuvent jouer leur répertoire dans les provinces sans le faire traduire ; c'est nous qui entretenons là-bas la vie intellectuelle, et non point d'autres ; les moindres de nos paroles s'y prolongent en longs échos.

C'est un fait, et c'est un fait nouveau, que l'aflux des étudiants étrangers vers la montagne Sainte-Geneviève, comme aux jours où l'Université de Paris était la dispensatrice suprême du savoir. Ils se répandent même dans nos Universités de province, ces nouveaux venus. Soit qu'ils trouvent à notre enseignement une valeur éducative supérieure, soit qu'ils se sentent attirés par le charme de notre pays, soit, plus simplement, qu'ils veuillent connaître le français par nécessité professionnelle, Russes, Roumains, Bulgares, Serbes, Grecs, Egyptiens, en grand nombre ; Italiens, Espagnols, Portugais, Sud-Américains, nombreux encore ; Américains du Nord, qui jusqu'à présent avaient donné une préférence presque exclusive à l'Allemagne, se pressent autour des chaires de nos professeurs. Le nombre des étudiants étrangers a crû de deux cents pour cent, en dix ans ; et ce chiffre serait encore plus imposant si nous pouvions compter tous ceux qu'une industrie habile arrête dans des villes comme Bruxelles ou Genève. Or, les jeunes gens qui viennent ainsi à nous spontanément représentent souvent dans leurs pays un élément choisi ; ce sont les plus curieux de nouveautés, les plus ouverts, les plus actifs. Ils n'auront pas écouté la parole des maîtres, ils n'auront pas vécu de la vie française pendant une ou plusieurs années, sans emporter de profonds souvenirs. Cette langue qu'ils auront apprise à sa source, ils l'enseigneront peut-être ; en tout cas, ils tiendront à la parler toujours. L'influence qu'ils auront subie se multipliera par l'influence qu'ils exerceront.

Un sociologue étranger, qui étudiait dans un récent ouvrage « l'extension de la natiolité française », et considérait la langue « comme le signe extérieur le plus apparent de la nationalité », arrivait à une formule que nous pouvons faire nôtre. « Le français, disait-il, n'a semblé reculer, que parce que les autres langues nationales ont progressé ; celles-ci ont monté, mais lui n'a pas baissé. » Ne craignons pas de dire qu'il a monté lui-même. Forte de sa valeur propre, des nécessités nouvelles qui la réclament impérieusement, de tous les faits qui montrent son extension et sa vitalité, notre langue a le droit de se dire encore universelle. A nous de remplir les conditions nécessaires pour qu'elle n'aille pas déchoir d'un si haut rang.

III

La première est de ne pas nous faire concurrence à nous-mêmes.

La mode a créé des langues artificielles, que ni leur laideur barbare, ni leur ridicule n'ont réussi à discréditer tout à fait. Il est touchant de voir les soins qu'on prodigue pour donner à ces mortes quelque vitalité. Il est plaisant de voir les initiateurs prendre des airs de prêtres et de pontifes, et d'entendre leurs discours, où ils savent allier tant de lyrisme à tant de raison. Il est plaisant de voir les initiés arborer des insignes qui, après tout, peuvent encore passer pour des décorations. Ils tiennent des réunions à grand fracas pour montrer au monde qu'ils sont capables de parler ensemble du temps qu'il fait. Ils proclament qu'ils couvrent toute la terre ; et quand ils se comptent, ils ne sont pas un million. Les contredire est dangereux ; car le grand esprit de prosélytisme dont ils sont animés ne va pas sans violence, et ils lancent volontiers l'anathème contre ceux qui refusent de partager leur espoir. Souvent des scissions se produisent entre eux. Comme ils sont à la poursuite d'une algèbre intellectuelle, il se trouve toujours quelqu'un pour proposer des équations plus parfaites ; les uns les adoptent, parce qu'ils se piquent de rester fidèles à leur système, qui est de supprimer le réel au profit du logique ; les autres ne veulent pas les recevoir, parce qu'ils sentent bien qu'à changer toujours on finira par compter autant de langues parfaites que d'individus ; ce qui n'est pas leur but. Alors les fils dégénérés prétendent tenter leur propre fortune. Les grammaires restent, les écoliers s'en vont.

Mais si les résultats pratiques ne répondent pas à l'effort déployé, la tendance est dangereuse, et il importe de la signaler. Que d'autres pays la favorisent, nous le comprenons aisément. Partout où l'on parle une langue qui n'a aucune chance de se répandre au dehors, on est fort aise d'encourager un dialecte international, sans caractère, sans couleur, impuissant à exciter même la jalousie. Les propager en France, ce serait commettre, au contraire, un véritable crime de lèse-patrie. Nous possédons une langue universelle, qui est le français. Qu'on ne vienne pas nous dire qu'il s'agit de créer un instrument commode, dont l'utilité ne dépasse pas les besoins pratiques de l'existence, et sans ambitions littéraires. Commode et pratique, notre langue l'est aussi. Pour qu'il y ait au monde des gens qui la considèrent comme un élément de culture humaine, il faut qu'il y ait d'abord des gens qui trouvent à la parler un intérêt matériel et grossier. Tout royaume divisé contre lui-même périra ; notre position est solide : pas assez pour que nous nous donnions le luxe de l'attaquer ; ou seulement pour que nous nous passions de ceux qui peuvent la défendre, quand l'heure est venue de lutter pour le bon renom de la patrie.

En effet, nous reconnaissons volontiers qu'il y a parmi ceux qui nous desservent ainsi de bons esprits, et même d'excellents. Ils sentent avec force le besoin d'universalité qui inquiète notre époque, et ils ont hâte de le satisfaire pour le plus grand bien d'autrui. Mais que n'appliquent-ils à la propagation du français cette bonne volonté qui déborde ? Que ne tournent-ils leurs ardeurs vers une tâche à laquelle tout les convie, la tradition de leur race, un passé glorieux, des succès qui encouragent, et la demande même de l'étranger ? Ils n'en rempliront que plus aisément leurs desseins. La besogne est prête ; elle attend les ouvriers.

Plus dangereuse qu'une concurrence serait une déformation.

La « bassesse des figures », disait Rivarol en examinant les causes qui d'ordinaire corrompent les langues, amènerait la décadence du français : mais elle n'est pas à craindre. Nous ne reprendrions pas son affirmation avec la même sécurité. Les « mots bas » tendent à monter dans notre langue ; l'argot l'abâtardit. Le laisser-aller général donne au respect une apparence de purisme attardé ; comme dans les mœurs, on confond la liberté avec la licence ; on cherche le pittoresque dans le ruisseau. Pourtant, ce ne serait pas une bonne démocratie du langage que celle où toutes les expressions voisineraient sur un pied d'égalité, les plus pures et les plus souillées. La foule de ceux qui ne savent pas et de ceux qui savent à moitié, envahissant les lettres, donne à la prose d'étranges habitudes de négligence. Termes plats, abréviations absurdes, exclamations grossières, triomphent. Il arrive qu'un étranger prononce devant nous, sans malice et de bonne foi, une de ces expressions vulgaires que nous tolérons entre Français, parce que nous leur prêtons je ne sais quelle saveur bête de paradoxe. En expliquant pourquoi les autres n'ont pas le droit d'employer des mots que nous employons nous-mêmes, nous éprouvons plus que de l'embarras, du malaise ; et nous avons le sentiment d'une déchéance. Cette délicate physionomie, si pure dans son élégance ; cette physionomie charmante, qui fait ressembler notre langue à une personne dont la noblesse intime se traduirait par la distinction extérieure ; cette physionomie harmonieuse dont un seul trait changé peut altérer le caractère, gardons-nous de la défigurer comme à plaisir ! Si elle prenait une expression vulgaire, on se détournerait d'elle, et on cesserait de la chérir.

Pour notre compte, nous pousserions si

loin le scrupule en ce sens que nous hésiterions à changer sa forme extérieure, même pour l'améliorer : du moins ne le ferions-nous qu'avec une prudence extrême. Son orthographe n'est point parfaite : qui l'ignore ? Les hommes de la Renaissance l'ont chargée de lettres parasites, contraires aux lois de la phonétique, contraires au bon sens. Elle porte la trace d'étymologies effrontément fausses. Elle offre des contradictions flagrantes. Mais quoi ? Telle était déjà, à peu de chose près, l'orthographe de Racine ; c'est elle qui a servi à Voltaire et à Rousseau ; les chefs-d'œuvres de nos romantiques l'ont consacrée. Il y a une impression qui est plus forte que tous les raisonnements : c'est celle d'un enlaidissement, quand nous la voyons apparaître sous l'aspect inattendu que la logique lui donne. Ayons donc pour le préjugé l'indulgence des sages. Permettons qu'on supprime, si on y tient beaucoup, un *t* illégitime devant un *s* ; réduisons l'*x* à plus de modestie : mais n'allons pas présenter tout d'un coup aux étrangers une langue dont ils ne reconnaîtraient plus l'apparence ! De même pour la syntaxe, dont quelques règles, par exception, embarrassent les plus subtils, et déroutent les plus sûrs. Rendons-la plus tolérante ; ne poussons pas la superstition des participes qui s'accordent jusqu'à l'absurde ; puisque les grammairiens nous disent en leur jargon que l'emploi de la deuxième personne de l'imparfait du subjonctif est condamné à périr, acceptons cet arrêt, ne nous révoltons pas contre le sort ! Mais songeons que dans un mécanisme compliqué, il peut être néfaste de changer un seul rouage, lorsque l'inutilité n'en est pas évidente, et qu'il ne s'arrête pas de lui-même ; préférons la routine à l'anarchie ; défions-nous des novateurs qui ressemblent à des terroristes ; et n'allons pas présenter tout d'un coup aux étrangers une langue dont ils ne reconnaîtraient plus la structure.

Plus dangereuse qu'une déformation serait une décomposition.

Si le français doit au latin ce qu'il peut avoir de force ; si sa sobriété est comme un héritage de la simplicité romaine ; si sa logique est le souvenir de tant d'inscriptions concises et robustes que les conquérants du monde ont rédigées pour rappeler à jamais leurs triomphes : que les jeunes générations restent fidèles à la tradition séculaire ! Les avantages que nous rappelions tout à l'heure, cette incomparable souplesse, cette faculté de répondre tout de suite aux idées nouvelles par des mots nouveaux, cette assimilation rapide qui lui procure un perpétuel caractère d'opportunité, deviendraient autant de défauts, si le support que chargent tant d'acquisitions successives venait un jour à manquer. Supprimez-le, vous réduirez la langue à n'être plus bientôt qu'une cohue de mots, chaque spécialité apportant les siens sans ordre et sans discipline, sans logique et sans contrôle. Gardez-le, au contraire : vous gardez du même coup la force stable qui rattache la langue à ses origines, qui maintient son unité organique, et assure la permanence de son être.

Rien ne montre mieux peut-être la nécessité du latin, que la conscience précise du rôle que nous devons jouer à l'extérieur. C'est par l'équilibre de deux éléments que nous gardons le privilège de l'universalité, l'élément novateur et l'élément conservateur : notre langue est la seule qui les sache associer dans une juste mesure ; nous avons vu que sa fonction était de saisir au passage les nouveautés dignes de vivre et de leur assurer la durée. Il faut donc d'une part que nos enfants entrent en contact avec les nations vivantes, pour choisir le meilleur de ce que chacune d'elles apporte au jour. Il faut que l'un sache l'anglais, l'autre l'allemand, que celui-ci se tourne vers l'Italie, celui-là vers l'Espagne : de façon que tous ensemble, semblables à autant de sentinelles avancées, ils nous avertissent de ce qui se passe autour de nous. Mais il faut d'autre part qu'ils ne soient pas éblouis par la variété de ces spectacles ; qu'ils sachent dominer tant de notions confuses qui vont assiéger leur esprit ; qu'ils restent capables de juger, pour écarter ou pour retenir. Ils sont perdus s'ils ne se sont assurés à l'avance d'un terme de comparaison, auquel ils ramèneront la diversité de leurs expériences. Tel est le rôle des langues mortes. Ce qui fait d'elles les éducatrices par excellence, c'est qu'elles présentent un caractère réellement arrêté ; elles fixent, définitivement, un état type de la mentalité et du cœur de l'homme. Elles traduisent une civilisation infiniment nette en son contour, et que l'esprit peut embrasser en toute confiance, puisqu'elle ne changera plus. L'enfant qui les possède ne sera pas embarrassé, lorsqu'il se trouvera jeté dans la complexité mouvante de la vie ; elles lui serviront d'unité de mesure, et lui permettront d'établir des valeurs. Elles mettront dans son âme la vigueur ; elles seront le lest, et l'empêcheront de se laisser ballotter au caprice de tous les flots. Et c'est en revenant à elles que chaque génération maintiendra pour son esprit et pour sa langue cet équilibre nécessaire que le présent semble toujours vouloir rompre à son profit. Nous pouvons donc dire, si nous voulons, que le latin est utile à la connaissance du français, parce qu'il révèle le secret des étymologies, qui donnent elles-mêmes le secret de la précision et de la propriété : ce sera également vrai ; mais disons surtout que nous ne pouvons garder à notre langue sa valeur humaine sans avoir fait nos humanités.

Mais quoi ? N'avons-nous plus de péril à signaler pour elle ? N'en existe-t-il pas un, plus grave que tous les autres ; si menaçant, qu'on voudrait presque en retarder l'aveu ? Non pas ce qu'on appelle la crise du français ; celui qui, loin de la bataille, en veut faire la philosophie, trouve à côté du mal qu'elle a décelé un bien évident. Car elle vient de montrer le très grand amour que tous, nous professons pour notre langue. Sur ce point-là, aucun désaccord ; le désaccord n'a porté que sur la constatation de son état, et sur le choix des remèdes propres à la guérir. Une même passion a animé tous les adversaires, qui était l'intérêt du français. Il n'est personne qui n'ait cru que l'objet le plus important de l'éducation nationale ne fût son étude ; et chacun a dit son mot, les habiles et les profanes, avec une égale bonne foi. Dans tout autre pays, la querelle se fût limitée aux érudits et aux pédagogues ; nulle part l'opinion publique ne se serait aussi généralement émue pour un pareil sujet ; c'est notre gloire. Aussi bien l'expérience prouve-t-elle que les crises, dénoncées à temps, sont souvent profitables. Elles dissipent les malentendus, et sur tous les doutes jettent à profusion la lumière. Les colères même qu'elles soulèvent réveillent les énergies somnolentes et secouent les indifférents. Il n'est pas mauvais que notre raison, voire nos sentiments et notre amour-propre, soient engagés dans l'attaque ou dans la défense. C'est pourquoi la présente guerre, où nous avons vu tant de preux échanger de si rudes coups, n'est pas pour nous inquiéter outre mesure. Notre façon, à nous Français, est de nous disputer par moments à propos de ce que nous aimons le plus. Telles sont les cérémonies de nos cultes ; notre ferveur ne fait que s'accroître quand nous les célébrons.

Le grand danger n'est pas la crise du français ; c'est la crise de la France. Qui de nous ose regarder sans crainte les statistiques où s'inscrit le chiffre amoindri de notre population ? Qui de nous ne frémit, à constater que nos pertes annuelles vont se calculant par milliers ? Un pays qui n'enverrait plus ses enfants au dehors, parce qu'il n'aurait plus d'enfants ; un pays que les étrangers regarderaient avec une pitié dédaigneuse, parce qu'il n'aurait plus de soldats, devrait renoncer à l'influence de l'esprit et de la langue. A supposer que l'envahisseur voulût bien épargner un territoire riche et dépeuplé, et lui accorder cette neutralité qui ressemble à une aumône, quelle force d'expansion lui resterait-il, à lui qui serait incapable de se conserver lui-même intact ? Il serait en Europe comme un de ces villages désertés que nous apercevons parfois le long des routes ; l'herbe a envahi le seuil des portes ; les murs se lézardent, les toits s'affaissent ; et la tour de l'église, la haute tour qui dominait autrefois les campagnes et attirait de loin tous les regards, s'est écroulée.

Certes, on a soutenu qu'à défaut de conquêtes nouvelles, la langue française, dans de telles conditions, pourrait garder longtemps encore les territoires acquis. Lorsque les légions romaines quittèrent la Gaule devant le flot des barbares, le latin ne cessa pas d'être employé ; mais Rome n'était plus. Ainsi le français pourrait conserver une force de rayonnement. Mais nous ne voulons pas de cette gloire posthume ; vivre, et non pas survivre seulement ! C'est déjà trop, que d'oser séparer le sort de la langue française de celui de la France. Nous les associons, indissolublement, et nous croyons à leur commune vitalité. Nous avons foi dans l'avenir de la patrie, parce qu'elle a toujours trouvé, aux moments difficiles de son histoire, des ressources qui l'ont sauvée ; parce qu'elle vient d'infliger aux pessimistes, qui dans une circonstance récente allaient pleurant sa décadence, un éclatant démenti ; parce que nous voyons s'avancer une génération plus saine et plus robuste que ses aînées, regardant la vie avec la belle confiance que donne un corps vigoureux ; parce qu'il est impossible que la connaissance plus précise du danger qui menace ne réveille pas dans la collectivité la volonté de vivre. Et quand nous n'aurions pas tant de bonnes raisons pour justifier cette foi, nous la garderions encore, parce qu'il s'agit ici d'un problème moral dont la solution dépend de nous, et qu'en de telles matières, avoir peur de la mort, c'est déjà commencer à mourir.

*
* *

Celui qui prétendrait embrasser avec certitude les événements dont l'avenir est chargé, les guerres qui changent la face des nations, les alliances qui changent leur âme ; les variations des lois économiques, plus puissantes que les alliances ou que les guerres ; les multiples phénomènes sociaux qui échappent aux prises de notre raison, ressemblerait au pêcheur qui voulait saisir la mer dans les mailles de son filet. Peut-être, dans cent ans, la tradition fidèle demandera-t-elle qu'on se recueille une fois encore, pour examiner ce que la langue française est devenue. D'autres alors reprendront la tâche. Pour nous, ne préjugeons point ; et sachons nous contenter du présent.

Le présent est âpre et dur. C'est un rude métier que celui de vivre, pour les individus, pour les peuples, pour les idées. L'universalité de notre langue a suscité bien des convoitises. Des rivales sont nées, qui ont voulu la restreindre ; elles ont invoqué contre elle tantôt la force et tantôt le droit. Nous-mêmes, de notre propre voix, nous avons déclaré au monde qu'il n'était plus d'hégémonies possibles ; et rien, plus que notre logique, n'a contribué à changer l'ancien état de choses.

Ainsi le bel héritage que nous tenions de nos aïeux, cet héritage unique parmi ceux de tous les peuples, n'est pas demeuré immuable dans un siècle où tout s'est transformé. Mais au moins avons-nous su évoluer pour notre bien ; et nous voyons avec joie que nos gains ont compensé nos pertes. La langue française n'a plus d'autorité despotique, mais elle s'étend davantage. Moins impérieuse, elle n'est pas moins nécessaire. Elle reste la première, à faire le total, parce qu'elle est la seconde partout. Elle n'est plus universelle à la façon dont le concevait le XVIIIe siècle finissant ; mais le XXe siècle la trouve universelle toujours.

Elle est l'instrument de la solidarité morale et intellectuelle des peuples. Elle est le lien qui unit les parties dispersées de la grande âme humaine.

ÉVREUX, IMPRIMERIE CH. HÉRISSEY, PAUL HÉRISSEY, SUCC[r]

www.ingramcontent.com/pod-product-compliance
Ingram Content Group UK Ltd.
Pitfield, Milton Keynes, MK11 3LW, UK
UKHW020956180726
13838UKWH00003B/1350

9 782329 4087